Laurent de Brunhoff

BABAR

ET
CE COQUIN D'ARTHUR

Hachette

Fatigués par une année de travail
le roi Babar et la reine Céleste
vont se reposer au bord de la mer
avec leurs enfants.
Arthur et Zéphir les accompagnent.
Cornélius et la vieille dame
ont fait quelques pas avec eux
sur le chemin de la gare.
« Au revoir ! » crie Arthur.
La vieille dame lui répond de loin.

Voici la gare de Célesteville . Pom , Flore et
avec Zéphir . Arthur voudrait en

lexandre montent dans le train suspendu
aire autant mais il est trop gros!

Pendant le voyage
les trois petits éléphants
regardent par la fenêtre ;
Arthur leur fait des signes.
C'est très amusant.

Babar a loué une maison
à Baribarbotton.
Les enfants courent en avant, très excités.
« Comme la mer est belle
et la maison jolie ! » dit Céleste,
contente d'être arrivée.

A peine installée, toute la famille
se dépêche d'aller sur la plage.
Pom, Flore et Alexandre
ne sont pas très rassurés.
Babar les encourage:
«Venez vous tremper avec moi, dit-il;
nous allons jouer à nous arroser.
Regardez comme Arthur est satisfait.»
Ils se décident enfin, et bientôt
ne voudront plus sortir de l'eau.

Zéphir emmène
Flore en bateau.
Il lui raconte
l'histoire
d'Eléonore la sirène
et de la princesse
Isabelle.

« Ecoute , dit Flore quand l'histoire est finie,
je voudrais bien la voir, la petite sirène !
—Ce n'est pas possible, répond Zéphir,
elle ne se dérange
que si l'on a vraiment besoin d'elle. »

En attendant
leur tour
pour la promenade
en bateau,
les deux garçons
jouent
avec leur père
au jeu des
petits paquets.
Sur l'épaule !
Sous le bras !
Hop ! Hop !

Conduits par Zéphir, les trois petits
vont pêcher la crevette.
Pom et Alexandre
poussent leur filet avec ardeur.

Flore préfère les crabes.
« Venez voir les belles boucles d'oreilles ! »
Mais Zéphir a la peau moins dure
et se fait pincer très fort !

Arthur, lui, a découvert l'aérodrome voisin.
Il n'a jamais vu tant d'avions à la fois.
Le plus beau de tous c'est le vert.

Voilà qui est plus intéressant que la pêche !
Des avions rouges, des bleus, des noirs.
Arthur a bien envie de monter dessus...

Que s'est-il passé ?
Tous les éléphants courent, affolés,
et regardent le grand avion vert
qui vient de s'envoler.
Mais c'est Arthur qui est sur la queue !
Il venait d'y grimper
quand l'avion a commencé à rouler.
Tremblant de peur, mais
n'osant plus descendre, il s'est cramponné.

« Il va tomber ! Il va tomber !
— C'est épouvantable !
— On ne voit plus qu'un point rouge !
— Allons prévenir le roi Babar ! »

Tout le monde croit Arthur perdu.
Mais le pilote lui lance un parachute.
Arthur saute bravement dans le vide,
... le parachute s'ouvre !
« C'est très amusant : une vraie balançoire. »
La terre est proche maintenant,
et le vent a entraîné
le petit éléphant loin de Baribarbotton.

Des kangourous
s'approchent
avec curiosité.
« Eh! gros oiseau,
dit l'un d'eux.
D'où viens-tu?
_ Je ne suis pas
un oiseau,
répond Arthur.
Je ne sais pas
voler.

J'étais sur une machine qui vole,
une énorme machine
qui fait beaucoup de bruit.

Vous m'avez vu sauter en parachute.»
Les kangourous deviennent vite ses amis.
Mais Arthur est inquiet.

Que vont dire
Babar
et Céleste ?
Comment
les retrouver ?
«Suis-je loin
de
Baribarbotton ?»
demande-t-il.
Les kangourous
le rassurent.

Ses nouveaux amis le conduisent à la gare.
Assis autour de lui, les kangourous
lui répètent : « Vous reviendrez,
n'est-ce pas, monsieur l'éléphant ?
— Peut-être », répond Arthur
qui regrette de les quitter si vite.

Mais ce train n'est pas fait pour les éléphants.
Arthur a été obligé de monter
dans un wagon de marchandises.
Il s'est endormi profondément.
Dans la forêt, les petits singes ont l'habitude
de sauter sur le toit des wagons.
« Ho ! Ho ! font-ils en découvrant Arthur,
nous allons lui jouer un bon tour ! »
Et ces polissons décrochent le wagon.

Arthur s'est réveillé tout seul dans son wagon.
Tristement il a marché sans savoir où il allait.
Arrivé au bord d'un fleuve il rencontre
deux dromadaires : « Bonjour, messieurs,
leur dit - il.
Je m'appelle
Arthur.
Je suis
le petit cousin
de Babar, le roi
des éléphants.
Connaissez-vous
le chemin

pour aller à Baribarbotton ?— Oui, c'est assez loin,
lui répondent les dromadaires. Mais nous serons
enchantés de vous y conduire, si vous trouvez
un moyen pour traverser le fleuve.
Les crocodiles
sont méchants
et ils nous
couperaient
les jambes.»
Alors Arthur
demande
conseil aux
hippopotames.

Et c'est sur un pon

d'hippopotames qu'ils traversent le fleuve.

Les trois voyageurs s'enfoncent
dans le désert et marchent jusqu'à la nuit.
Le lendemain, de bonne heure,
ils se mettent en route.
Quand l'un des dromadaires a mal à la bosse
Arthur monte sur l'autre.
Et quand il fait vraiment trop chaud,
Arthur demande un petit arrêt
à ses amis pour s'asseoir dans leur ombre.
La soif lui dessèche toute la trompe.
Enfin ils arrivent
devant un petit village.

Un vieux monsieur à barbe
lui a indiqué l'endroit
où il pourrait
calmer sa soif.
Arthur a déjà bu deux seaux d'eau
pleins jusqu'au bord.
Tout à coup il s'étrangle presque:
il vient d'apercevoir Babar
au bout de la rue,
qui court vers lui
le plus vite possible
en faisant de grands gestes.

Babar a ramené Arthur
dans son autochenille.
Il était si content de le retrouver sain et sauf
qu'il a oublié de le gronder pour sa bêtise.
Les voilà à Baribarbotton.
Babar a klaxonné : toute la famille
se précipite à leur rencontre.
Et les vacances au bord de la mer
se termineront gaiement.

Imprimé en France par Ouest Impressions Oberthur Rennes - N° 7543
Dépôt légal n° 5710-10/87
22-39-0232-08
ISBN 2-01-002548.2

Loi n° 49-956 du 16 juillet 1949 sur les publications
destinées à la jeunesse -

22/0232/3
87.10